286

15 fr (19 Mars)

(286e)

CATALOGUE

DE

DESSINS ANCIENS

La plupart École française XVIIIe siècle

ET

ESTAMPES

École française XVIIIe siècle et moderne

DONT LA VENTE AURA LIEU

HOTEL DES COMMISSAIRES-PRISEURS

RUE DROUOT, 5, SALLE No 7

AU PREMIER ÉTAGE

Le Samedi 19 Mars 1870

A UNE HEURE PRÉCISE

Par le ministère de **Me DELBERGUE-CORMONT**, Commissaire-Priseur, rue de Provence, 8,

Assisté de M. **VIGNÈRES**, Marchand d'Estampes, rue de la Monnaie, 13, à l'entresol,

CHEZ LEQUEL SE DISTRIBUE LE CATALOGUE.

EXPOSITION PUBLIQUE AVANT LA VENTE

PARIS — 1870

286e Goncourt Warneck

CONDITIONS DE LA VENTE

L'ordre du Catalogue sera suivi.

Les attributions de l'amateur ont été conservées pour les dessins.

Elle sera faite au comptant.

Les Acquéreurs paieront CINQ POUR CENT en sus du prix d'adjudication.

M. VIGNÈRES, dirigeant la vente, se charge des Commissions.

NOTA. Toute commission sans prix fixé ou sans limite déterminée sera regardée comme nulle.

M. VIGNÈRES se charge de faire marquer les prix aux Catalogues des ventes qu'il a faites. Les personnes qui le désirent peuvent s'adresser à lui *franco*.

Plusieurs Amateurs éloignés en ont reconnu l'utilité pour les guider dans leurs achats sur les valeurs des Estampes.

Les Catalogues des Ventes à faire seront envoyés à toute personne qui en fera la demande *affranchie*.

AVIS. — Nous prions MM. les Amateurs éloignés de ne pas attendre au dernier jour, pour que les lettres arrivent le matin de la vente ; ils comprendront que quelques lettres peuvent se lire, mais de 20 à 50 lettres, c'est difficile.

Choix de Catalogues avec prix marqués

Jousselin de Lasalle, homme de lettres. J. Porreau
Kant (Emmanuel), philosophe allemand. Bracquemond.
Lacalprenède (Gauthier de Costes, seign. de), romancier. Varin.
Lainé (J.-H., vicomte), ministre et académicien. J. Porreau.
Lamballe (princesse de), dessinée d'après nature par Gabriel. id.
Lasource (M.-David-Albin de), député du Tarn. id.
Lavallière (L.-F. de la Baume, duchesse de). id.
Lenormand (Mademoiselle), nécromancienne. id.
Lucotte (Edme-Aimé), lieut.-général, comte, né à Dijon. id.
Mailhe (Jean), député à la Convention. A. Varin.
Marat, à la tribune, dessiné d'après nature par Gabriel. J. Porreau.
Martin (Louis-Aimé), littérateur. id.
Maurepas (J.-Fréd. Phelypeaux, comte de), ministre. Varin.
Mazères (Édouard), auteur dramatique. J. Porreau
Mesmer, auteur du magnétisme animal. id.
Mézerai, actrice, Théâtre-Français. Normand.
Orléans, duc de Montpensier (Ant.-Philippe d'), 1773-1807. J. Porreau.
Persuis (L. Loiseau de), musicien, d'après Pierre Guérin. id.
Petiet (Claude), député, ministre de la guerre. id.
Philidor (André-Danican), musicien, auteur du jeu d'échecs. id.
Pilon (Germain), sculpteur, 1550. id.
Pixerécourt (Guilbert de), fac-simile, d'après J. Boilly, in-4. id.
Pongerville (Samson de), académicien. id.
Pontus de la Gardie, général en Suède. id.
Ramel-Nogaret, ministre des finances, préfet. id.
Récamier (Madame), d'ap. Cosway. id.
Reveillère-Lepaux, botaniste, théophilanthrope. id.
Robert-Lindet, député, conventionnel, ministre. id.
Romme (Gilbert), conventionnel. id.
Rouget de L'Isle, auteur de *la Marseillaise*, musicien. Varin.
Saint-Huruge (marquis de). J. Porreau.
Saint-Prix, acteur, Comédie-Française. id.
Saint-Simon (Claude-H., comte de), philosophe. Perrot.
Silvain Maréchal, poëte et littérateur. Devritz.
Tallien (Madame), née Cabarus, d'après le baron Gérard. Massard.
Treilhard (J.-B., comte), député, ministre, etc. J. Porreau.
Tronson du Coudray, avocat, du Conseil des Anciens. id.
Vadier (A.), député aux États-Généraux. id.
Vatout (J.), poëte, académicien, bibliothécaire. Varin.
Vigée (L.-G.-B.-E.), poëte et auteur dramatique. J. Porreau.
Westermann, général, d'ap. le Physionotrace. id.
Cartouche (Louis-Dominique), fameux voleur. Lallemand
Mandrin (Louis), fameux contrebandier. Delaistre.

Chaque portrait pouvant entrer dans un in-8° est tiré in-4°.
Avec la lettre, papier blanc, 1 fr.; papier de Chine, 1 fr. 25 c.
Avant la lettre, papier blanc, 1 fr. 50 c.; papier de Chine, 2 fr.
Dont il n'est tiré que 20 épreuves blanc et 5 Chine.

Afin de faciliter les recherches des Amateurs de portraits, soit pour les illustrations, soit pour les collections d'autographes ou autres, *trois Catalogues détaillés* de quelques collections de portraits qui peuvent se trouver chez moi, classés par ordre alphabétique, seront remis aux personnes qui en feront la demande affranchie.

1174 Renou et Maulde.

			Frais 18 ½ %	
page	M. Goncourt	1308 50	242 05 9 85	1056 60 7 ..
	Varneck			969
	Moureau	25 50	5 35 65	20 15

Affiches et affichage	36	2679
Insertion au Moniteur des Ventes	10 80	
Declaration 2/ Timbre 3/	5 ..	
Enregistrement.	63 95	
Bourse commune.	84 60	
Honoraires de Me Delbergue	84 60	
Clercs et Crieurs	12 ..	
Location de la Salle	36 20	
Commissionnaire 5. Gratification 10/	15 ..	
Catalogue.	104 50	
Af. à la Poste et distribution du Catalogue	24 ..	
Transport chez moi et a l'hotel	4 50	
Chemises 5 Mains	6 25	
Honoraires Vignères	140 65	
	628 05	
Déduire 5% des acquereurs	133 95	
18 ½ %. fait 495.60.	494 10	

Matth 2 50

Matth 3

Bens. 10

Grosj. 5 Michel 20

Grosj 2.50

Grosj 2.50

Michel 10

(286e)

DÉSIGNATION

ESTAMPES

ÉCOLE DU XVIIIe SIÈCLE ET MODERNE

1 **Anonyme.** Jolie Femme assise dans la campagne, rond, rehaussé de couleur, monté en dessin.

2 — Regrets inutiles?... Charmante composition. In-4. Magnifique ép. avant toute lettre, marge.

3 **Artiste** (Choix de pièces tirées de l'). Lith. par Baron, Ciceri, Diaz, Français, etc., et autres gravées. 47 p.

4 **Aubert** (D'ap.). La Revendeuse à la toilette, par *Cl. Duflos*. Superbe ép. In-fol., marges vierges.

5 **Baudouin** (D'ap.). L'Enlèvement nocturne, par Ponce, avant la lettre, in-fol.

6 — L'Épouse indiscrète, par Delaunay; in-fol., marge, très-belle ép.

7 — Le Modèle honnête. In-fol., par Moreau le jeune et Simonet. Très-belle ép., grande marge.

8 — Le Chemin de la Fortune. In-fol., par Voyez major. Présentation d'une jolie danseuse au directeur de l'Opéra. Très-belle ép.

9 **Bertault.** Vue de Paris, du Pont-Neuf regardant le pont Royal. In-fol., d'ap. l'Espinasse.

10 **Binet** (D'ap.). Vignettes pour la Paysanne pervertie. 9 p. in-8.

11 **Boucher.** Watteau à mi-corps, d'ap. lui-même. In-fol. Superbe eau-forte. Très-belle ép. (P. de B. 45).

12 — Les Grâces au Tombeau de Watteau. Allégorie, superbe pièce à l'eau-forte, rare. (44)

13 **Boucher.** Les Amours oiseleurs. Eau-forte originale, chez Buldet.

14 **Bracquemont.** Portrait d'Erasme, d'ap. le tableau d'Holbein qui est au Musée. Superbe eau-forte, avant toute lettre, marge.

15 **Canaletti.** Al Dolo. Eau-forte originale. In-fol. Vue de Venise.

16 **Cars.** Hercule filant auprès d'Omphale, d'ap. Lemoine. Sup. ép. avant la lettre.

17 **Cars.** J.-Siméon Chardin. In-4, d'ap. Cochin. Superbe ép. avant la troisième ligne et les noms d'artistes.

18 **Chardin** (D'ap.). L'Étude du dessin, manière noire, coloriée et vernie, imitant la peinture, peut-être de Dagoty.

19 — La Gouvernante, par *Lépicié*, 1739. Superbe épreuve.

20 — Table de cuisine avec ustensiles, nature morte, lithog. par Soulange-Teissier. Sup. ép. toute marge.

Croyet 12 Bens 15 Mour 9 Grosj 3.50 Hedon 3.

Grojet 12 Cessein 16. Michel 7. Hedon 3

Grosj. 2. Hedon 3.

Apull 2. Cessenne 40 Grosj 1.50

Hedon 2

Cesmer 16 Michel 8. Grosj 4 25

Lapertier 8 Teivin 6 Dijards 3.

Lapertier 12

Grosj 2.25

Hem... 2 S.A. 10 Bens 13

Bens 10

Dorvey 10

[illegible] 21

21 **Cochin** (C.-N.) inv. et sculp. Le tailleur pour femme. Trè-belle ép. grand in-4, d'une pièce de mœurs de l'époque.

22 **Cochin** (D'ap.) Quoi donc! amant transi—Pourquoi viens-tu rêver — Fier d'avoir en amour — Tes regards inquiets. 4 petits maîtres assis ou debout en campagne, dans un parc, costumes élégants. In-4. Imp. 2 à la feuille. Superbes ép., grandes marges, rares.

23 **Debucourt**. Qu'as-tu fait ? Ovale en couleur, jolie fille rentrant, au fond le galant se sauve avec la rose. Très-jolie pièce, rare.

24 **Dupont** (Henriquel). Le Relancé du cerf. Sup. ép. chine, grand papier. — Michel-Ange et son domestique malade. 2 p.

25 **Dupré**. Paysages lithog. originales de l'Artiste. 4 p.

26 **Eaux-fortes** tirées de l'Artiste, Calame, Chasseriau, Damour, Marvy, Penguilly, etc. 50 p. belles ép.

27 **Fessard**. Dorat, médaillon soutenu par une muse, entourée d'Amours, richement entourée d'attributs, in-4. Sup. ép.

28 **Flameng**. Abraham renvoyant Agar. Copie superbe de l'eau-forte de Rembrandt. — Neuf sujets dont Rembrandt étudiant des mendiants. — Dix sujets dont le Moulin. — Douze sujets dont la copie de l'Heure de la mort. 4 p. très-rares.

29 **Flameng** (D'ap.). Gainsboroug. The blue boy. — Jolie dame en costume élégant. 2 jolies eaux-fortes sur chine. Sup. ép. toute marge.

30 **Freudeberg** (D'ap.). Le Gage de la Fidélité, par Voyez le jeune. In-fol., très-belle ép.

31 — Le petit Jour. Coquette chambrière habillant sa maîtresse devant un financier. In-fol., par N. Delaunay. Très-belle ép. toute marge.

32 **Galerie d'amateurs**. Artistes contemporains etc., d'ap. Baron 2, Bida 2, Delacroix 2, Diaz 5, Dupré 3, E. Isabey 6. Marilhat 4, Meissonnier 2, Nanteuil 3, et autres par Leroux, Mouilleron, etc. 47 p. très-belles.

33 **Gavarni**. Son portrait, par lui-même. In-4, chine.

34 — Portrait de Chandelier 1842, et Oldnick ? en Diable. Très-rares. 2 superbes épreuves avant la lettre.

35 — Le Loup, légende espagnole, figures de caractères tirées de romans. 6 superbes épreuves sur chine.

36 — Pièces tirées de romances et autres avant la lettre, chine et blanc, d'une grande rareté sans le texte. Sup. ép. de la plus grande beauté.

37 — Vieux habits, vieux galons. Caricature très-rare.

38 — Les Bals masqués. 4 p. rares.

39 — Le Dimanche, Carnaval à Paris, les Femmes artistes, Musiciens comiques, et autres. 14 très-belles ép.

Beus 15
[illegible]

Grosj. 6.

Mour 3. ⊗ Michel 7. Grosj 1.50

Beus 6 Dul. Dul. 3 25

Beus 10 Grosj. 3.25

Georj. 10

Michel le
Dieux

Math. 2 50

Math. 2 50

[illegible] 5 [illegible] 2 [illegible] 3

Georj. 8 Miche 15

Georj. 1.25 Moreau 3

40 **Gavarni**. L'Abeille impériale. 6 p. Snperbes ép. avant la lettre chine.

41 — Sujets de chansons et romances. Superbes ép. sur chine grand papier et autres avant la lettre. 8 p. de la plus grande beauté.

42 — Paris le matin 12. — Paris le soir 25, en tout 35 p. coloriées. Volume in-4 demi-rel. maroq. rouge.

43 **Goya**. Le Nain de Philippe IV, d'ap Velasquez.

44 **Gravelot** (D'ap.). Le lecteur, par *Gaillard*. Jolie pièce.

45 **Ingres** (D'ap.) Angélique. Ovale, par Flameng. Superbe ép. au Camée, sur chine toute marge.

46 — La Source, par Flameng. Superbe ép. au Camée, sur chine, toute marge.

47 **Isabey** (Eug.). Marine. Lithog. originale.

48 **Jongkind**. Cahier de six eaux-fortes. Vues de Hollande, 1862, et titre. 7 p.

49 **Langlois**. Marie-Élisabeth Joly, du Théatre Français. In-4, belle ép.

50 **Lavreince** (D'ap.). Le Coucher des ouvrières en modes, par *Dequevauvillers*. In-fol. Eau-forte pure. Le Pardon. In-4, d'ap. Gravelot. Eau-forte 2 p.

51 — La Comparaison. In-fol. en couleur, par Janinet. Jolie composition avant la lettre.

52 **Le Cœur**. Les Chagrins de l'enfance. Jolie p. en couleur. In-fol., d'ap. Mouchet. Très-belle épreuve.

53 **Lemud**. Enfance de Callot, Légende des frères Van Eyck, M. Laensberg. 3 p. lithog.

54 **Lepeintre** (D'ap.). La Cage symbolique, par *Fessard.* Superbe ép. avant les trois lignes au-dessous du titre, marge entière, condition parfaite.

55 — La même. Superbe ép. avant la lettre toute, marge.

56 **Lithographies**. Vues d'Espagne et autres, par Haghe, Roberts. 7 p.

57 **Meissonnier**. Homme debout dictant à un autre qui écrit. Très-petite eau-forte originale, sur chine rare.

58 **Meissonnier** (D'ap.). Trois cavaliers buvant le coup du départ. In-4, par Flameng. Sup. ép. avant la lettre chine.

59 **Meryon**. La Morgue à Paris. Eau-forte. In-4.

60 **Prieur**, 1791. Élévation et Coupe du théâtre Feydeau — Bagatelle — Maison de Mlle Guimard de Mme de Brunoi. 4 p.

61 **Saint-Aubin** (Aug. de). Louise-Émilie baronne de... Charmant portrait de femme. Grand in-4. Très-belle ép.

62 — Famille d'Orléans-Égalité. In-fol., rare ép. d'eau-forte pure.

63 **Saint-Aubin** (D'ap.). L'Hommage réciproque. C'est le portrait de sa femme. In-4, par Gautier.

64 **Saugrain**. Alexandrine Fanier de la Comédie Française, d'ap. Moreau le jeune 1773. Petit in-fol. Très-belle.

65 **Tiepolo** (J.-D.). Seigneurs agenouillés. Très belle eau-forte, d'ap. son père.

Greg 5
avantstl.

Apuil 15   R. 15   Greg 2.   Hede 3

Dorman 5

R 25   Michel 9

R 4   Alonr 3   Michel 7.

Hedm 3.

R 3

Guill. 30 Michel 7 Michel 22 R 40

Michel 6

Georg 2 50 Michel 10 Dorian 10

Deux a 20,
Toute agreable

66 **Tilliard.** Jacques Pernetti, d'ap. Liotard. Très-belle ép. avec l'adresse Esnauts.

67 **Vérité** (D'ap.). L'Attaque de Lisle d'arts par les ignorants, par Renomée. Caricature rare.

68 **Vermeulen.** Mezetin en pied, d'ap. de Troy. Magnifique ép. In-fol. avant toute lettre, petite marge en plus de celle du cuivre.

69 **Watteau** (D'ap.). Costume d'homme, sanguine par Demarteau, rare.

70 **Watteau** (D'ap.). Le Lorgneur, par Scotin. Sup. ép. marge.

71 **Watteau** (d'ap.). Diane au bain, par Aveline. Superbe ép., marge.

72 **Watteau** (d'ap.). L'Amour au Théâtre-Français. Rare ép. d'eau-forte pure.

73 **Watteau** (d'ap.). Fac-simile de dessins. Jolies têtes de jeunes filles, femmes et costumes, par Boucher et autres. 10 p., très-belles.

74 — Nouveau livre de différents trophées. 12 p., très-belles ép. in-4 vol. carton.

DESSINS

75 ANONYME. Vue de la ferme du château de Vanvres. Aquarelle.

76 ADAM, sculpteur. Fontaine formée d'un vase, soutenue par des petits tritons au bistre.

77 ALBANE. Femme drapée sur des nuages, sanguine. — Tête de femme, crayon noir, par Appiani. 2 p.

78 BARDIN, 1776. Bacchante dansant avec deux enfants. Grisaille gouachée (vente Tondu).

79 BARTHOLOMÉ (Fra). Sainte Femme à mi-corps, encre de chine.

80 BENVENUTO CELLINI. Cartouches formés d'ornements avec nombreuses figures de tritons et animaux. Beau dessin à la plume, lavé.

81 BERGEON de Lyon. Coupe avec raisins. Crayons de couleur.

82 BERGHEM. Croquis sanguine de trois bœufs. — Études de moutons. — Chariot passant un gué et autre au crayon. 4 p.

83 BIDAULT. Paysage avec fabriques, aquarelle. — Trompe-l'œil. Fac-simile d'eau-forte de Callot, Rembrandt, Berghem, Labelle. 2 dessins.

84 BOISSIEU. Bestiaux au repos, d'ap. K. Dujardin, au bistre. — Tête de vieillard de Revoil. 2 p.

85 BOTH, 1641. Paysages à la plume, au bistre et à l'encre.

86 BOUCHER. Tête de jeune fille aux trois crayons.

87 — L'Amour adulte sur des nuages. Crayon noir et blanc.

88 — 1757. Vénus nue debout et l'Amour dormant. Joli dessin aux trois crayons.

89 — Trois Enfants tenant un nid. Au bistre.

90 — Joseph et la femme de Putiphar. Sanguine.

91 BRANDT. Beau paysage au bistre.

92 BREUGHEL. Chariots, Vue et Paysages. 4 dessins.

93 CAMPEN (Van). Marine. Aquarelle.

Hedm.. 9.

Crozet S.A. 11

inspecteur 15

Parbe 3 <u>Math 6</u>

Crozet

Hedam 3

S.A. 11

Grosj. 32 Gig. 20

Hedam 3 S.A. 31

94 CARRACHE. Têtes à la plume. — Apollon et Marsias, etc. 6 p.

95 CASANOVA. Combat de Cavaliers. — Cuerriers au repos. 2 beaux dessins. Plume et bistre.

96 CASTIGLIONE. Paysage avec pasteurs. Sanguine. — Repas, au bistre, par Cellony. 2 p.

97 CHAMPAGNE (Ph. de). Allégorie religieuse. Louis XIV entouré de personnages divers. Au bistre.

98 CHARDIN. Têtes, sanguine. — Dame assise, crayon. 3 p.

99 CHARDIN. Femme vue de dos. Grand et beau dessin; crayon noir et blanc.

100 CHATELAIN, 1766. Trompe-l'œil Callot, et dessin aquarelle.

101 CHAUVEAU (F.). Berger et Bergère, à l'encre.

102 CHOISEUL-GOUFFIER. Petit paysage en hauteur avec ruine. Aquarelle.

103 CLAUDE LORRAIN. Croquis de navires. — Paysage avec bestiaux. — Paysages étendus, au bistre. 5 p.

104 CLOVIO (J). Laissez venir les petits enfants. Beau dessin de la collection de l'évêque d'Arezzo.

105 COCHIN. Jugement de Charles I. Lavé.

106 CONSTANZA. Étude. — Académie de Cipriani. — Sainte de Pocceti. 3 p.

107 CORRÉGE (École du). Saintes Familles, au bistre. 2 p.

108 CORNEILLE (Michel). Repos des Dieux. Sanguine.

109 CUYP. Paysages au crayon. 2 p.

110 CRAYER. Sujet mythologique. Au bistre.

111 DAGNAN, 1826. Vue d'une ville traversée par une rivière. Beau dessin sépia.

112 DAVID de Marseille. Paysage aquarelle, — autre à l'encre. 2 p.

113 DELARUE, 1765. Renaud et Armide, au bistre. — Deux bas-reliefs. — Sujet religieux, par Delamonce. 4 p.

114 DEMARNE. Paysage à l'encre.

115 DESFRICHES. Paysage avec figures. Plume et crayon.

115 *bis* — Paysage avec château au fond, bestiaux sur le devant. Crayon noir rehaussé de blanc sur papier bleu. In-fol. Cadre doré.

116 DESPORTES. Chiens gardant un cerf mort. Au bistre. (Vente Thibeaudeau.)

117 DESRAIS. Costumes d'apparat de l'Empire. 9 petits dessins. Plume et bistre.

118 DIAMANTINO. Saint Sébastien. Au bistre.

119 DOYEN. La peste? Deux hommes relèvent des cadavres, des anges planent au ciel. Large croquis, crayon noir.

120 DUJARDIN (Karel). Sujets de bestiaux. — Études de moutons. Sanguine et autres à l'encre. 5 p.

121 DUMONSTIER. Portrait de jolie femme. Aux trois crayons.

122 DUNKER, 1784. Fontaine rustique et troupeau. Très-belle aquarelle.

123 DUQUESNOY. Christ. Sanguine.

[illegible] 5

Hedn 3.

Math 8

Croyet Hedn 3

S.A 10

Hedn 3.

Gig 8 Forg 6

Gig 5

[illegible] 20

Geig 20 Appel ~~30~~
[illegible]

Gresj 22

Bens

Hedo 3 Gresj 13.50 Bens 47 Mathe 7 Laperle 32

Hedo 3 Laperle 21
conte

Hedo 5 Gresj 4

~~Gresj~~ Fajon

Laperlier ? 12

Laperlier ? 12

124 DURER (A.). Jésus-Christ tirant les âmes des limbes a été gravé sur bois.

125 DYCK (Van). Portraits et saint Sébastien à la sanguine. 4 p.

126 EISEN, 1770. Deux hommes dans une grotte, dont l'un se meurt. Mine de plomb sur vélin. — Emblèmes de la mort, au bistre, par Marillier, 1775. 2 charmants petits dessins.

127 ELZEIMER. Sainte Famille. Au bistre.

128 ÉVERDINGEN. Paysages. Aquarelle, à l'encre. 2 p.

129 FALENS (Van). Chasse au Faucon. A l'encre.

130 FLAMEN. Paysages. — Batailles. 4 p. à la plume.

131 FRAGONARD. Deux jeunes Filles qui se cachent derrière un rideau pour jeter des fleurs aux passants. Charmant dessin aux crayons de couleur.

132 — L'Amour raccommodant deux Amants. — L'Amour et deux Nymphes. 2 petits sujets sanguine.

133 — Satyres et Bacchantes. 4 dessins forme de bas-relief, avec la gravure originale d'un. 5 p.

134 FRAGONARD. Fragments dessinés dans le temple de Diane à Nismes, au bistre.

135 — La Grotte du Chien, croquis à la plume et bistre.

136 — Fontaine monumentale, très-riche, au pied d'un immense escalier. Crayon et bistre.

137 — Intérieur rustique avec buanderie. Sanguine.

138 GAROFALO. Sainte Famille au donataire, au bistre.

139 GEMINIANO. Croquis : Jésus dans le temple. Très-rare.

140 GIDASVELDE. Chevaux et Bestiaux, crayon.

141 GIGNOUX. Le Prophète Balaam. — Le Prophète Jadon. 2 dessins à l'encre très-terminés.

142 GIRODET. Croquis au crayon. 2 p.

143 GOLTZIUS. Vierge et Jésus, à l'encre.

144 GOYEN (VAN). 1626. Paysage avec pêcheurs, à l'encre.

145 GRAVELOT. J.-J. Rousseau, au ciel, veille à l'éducation des enfants. Charmant dessin au bistre. In-8.

146 GRAVELOT (HUBERT). Le Kain en pied, en costume romain. Etude à la pierre d'Italie.

147 GREUZE. La Leçon de tricot, beau et grand dessin au bistre, a été gravé, in-fol. Croquis de trois petites têtes d'enfants, sanguine. 2 p.

148 GUARDI. Vue du Forum, à l'encre.

149 GUERCHIN. Paysage vigoureux, à la plume, et croquis de Femme. 2 p.

150 GUERCHIN. Couronnement de la Vierge, beau dessin à la plume.

151 GUIDE. Saintes Familles et autre. 3 dessins.

152 GUYS. Deux Coquettes de boulevard. Le P.-L. Napoléon à Paris, en tête de son état-major. 2 dessins à l'encre.

153 HEMLING. Daniel dans la fosse aux lions, petite gouache sur velin.

Fig 10 Crozes

S.A. 25 Medan 3

[illegible] 5 Lapertine ~~22~~ Medan 3.

Fig. 4

Lapertine 12

Crozes Medan 3.

Fig. 11

Forg. 6

Matti 5

Chantre 2.50

Gig. 10

Hedonne 3

Laperlier 24
si vrai

Malte 3 Laperlier 24
si vrai non

154 HEMSKERKE. 1560. Femme remuant, avec un balai, des cœurs dans la fontaine du Christ. A la plume.

155 HOUEL. Paysage avec rivière et ruines de fortifications, au bistre.

156 HUET. Départ pour le marché, à l'encre, et autre sur papier calque. 2 p.

157 HUYSUM. Corbeille de fleurs, aquarelle.

158 JORDAENS. Enfance de Jupiter, aux trois crayons.

159 — Satyre et Bacchante, lavé au bistre.

160 — La Mort de Socrate, sanguine. A été gravé.

161 JOSÉPHIN. Hercule, pierre d'Italie.

162 KOBELL D'UTRECHT. Bœuf couché, à l'encre.

163 LACROIX. Port de mer fortifié, à l'encre.

164 LAFAGE. Allégorie, Moïse frappant le rocher. 2 p.

165 LAFOSSE (De). Arc triomphal avec statues équestres de Renommées, à l'encre de Chine.

166 LAGRENÉE. Un Homme à genoux prenant la taille à une femme. Pierre d'Italie et sanguine.

167 LANCRET. Croquis, crayon, de deux Hommes dansant ; au revers deux costumes de Femmes. Sanguine.

168 LANGENDICK. Paysage étendu, à l'encre ; Lantara, paysage et croquis, par Legran. 3 p.

169 LATOUR. Esquisse de son portrait, qui est au Louvre. Crayons noir et blanc sur papier bleu.

170 — Mlle Devigne, religieuse au monastère de Maubuisson, sous le non de mère Augustine. 1761. Crayons noir et blanc sur papier bleu.

170 *bis* LE BARBIER l'aîné, 1770. Apothéose de Rousseau (allégorie). Aquarelles signée et datée. Cadre ovale doré.

171 LE PEINTRE. La Cage symbolique, charmant dessin à la mine de plomb, de la grandeur de la gravure.

172 LESUEUR. Le Parnasse, Diane. 2 p.

173 LOUTHERBOURG. Marche d'Animaux, crayon.

174 C. M. 1664. A. R. Tête de vieillard à grande barbe, grandeur naturelle, au crayon. Très-belle.

175 MEYER, 1772. Fête de village. Moulin à vent. 2 très-beaux dessins de la collection Van Esdaille.

176 MEER (V. DER) de Jonge. Paysage avec troupeau.

177 — Études d'animaux de Michel-Ange des Batailles. 2 p.

178 MICHEL-ANGE BUONAROTI. Études de bras, œil, oreille, divers détails, figures pour décoration d'architecture. 8 dessins à la plume.

179 MIERIS, 1705. Jugement de Pâris, charmante composition au crayon, sur vélin, collé.

180 MONGIN. Parc avec fontaine monumentale, escalier, vases, figures. Gouache.

181 MORALES. Moine en extase, à l'encre.

182 MOREAU (LOUIS). Château avec parc, bassins, etc., au bistre. Signé au dos *L. M.*

183 MOREAU le jeune. Le prince Lambesc au pont Tournant. Charmant petit croquis in-8, à l'encre de Chine.

Laperm 11

Grey 28.

[illegible] 10

[illegible] 20.

Hed. 3.

Lapert. 13 Hed. 3.

Gioj 26 Gig. 5 [illegible] 16

[illegible] 15. Varlo 6

184 **MOUCHERON, 1739.** Paysage arcadien avec tombeaux, figures, etc. Bistre relevé de couleur.

185 **MURILLO.** Saint Évêque en extase, à la plume. — Assomption de la Vierge, au crayon, signé au revers : à Roussin, docteur en médecine, à Reims. 2 p.

186 **NATOIRE.** Bacchus et Ariadne, crayons noir et blanc.

187 **NETCHER.** Dame tenant des fleurs, crayon noir.

188 **NEYTS** (G.). Petit paysage avec fermes, à la plume.

189 **NORBLIN.** Jeu de bagues à cheval et autre scène avec chevaux, en Russie. 2. Mine de plomb.

190 **OSTADE** (A.-V.). Buveur et Buveuse, Vue de ville, Aquarelle, Tabagie. Crayon. 4 p.

191 **PAJOU.** Groupe de femmes entourant le fût d'une colonne. Fragment d'architecture, bistre.

192 **PANINI.** Monuments romains. 2 aquarelles ovales en hauteur.

193 — Voûte ruinée, avec figures; Diogène montrant l'enfant qui boit avec sa main. Aquarelle.

194 **PARIS BORDONE.** Jésus guérissant un aveugle, bistre.

195 **PARMESAN.** Adoration des bergers, au bistre.

196 **PARROCEL** (Ch.). La Dame à la chasse au faucon. Large croquis à la plume, lavé.

197 **PASSERY.** La Religion, angle de voûte. A la plume, lavé.

198 PATEL. Paysage montagneux, avec rivière qui serpente dans l'éloignement. Gouache.

199 PATER. Dame assise, couchée. Joli costume à la sanguine.

200 PIERRE. Vainqueur accordant une grâce. Aquarelle.

201 PIGAL. Frisemèche, coiffeur récitant Oreste. Charmant dessin au bistre, plein d'expression.

202 PORTAIL. Deux dames, la mère et la fille? Charmant dessin aux trois crayons.

203 PORTAIL. Tête de jeune fille. Léger dessin au crayon de couleur.

204 POTTER. Voyageurs et laitière. A l'encre.

205 POUSSIN. Vénus et Adonis. — Offrandes à un dieu marin. 2 p.

206 POUSSIN. Bacchanale, Nymphes dansant. 2 bas-reliefs bistre. Crayon.

207 — Sujet de l'histoire ancienne. Sanguine.

208 PRUDHON. Vénus nue dormant, et deux Amours. Joli dessin à l'encre et blanc.

209 — Tête de Femme, amour, figure allégorique, au bistre. 3 p.

210 PUGET ? Proues et Coupes de Navires. 3 beaux dessins à la plume et encre.

211 RAPHAEL. Annonciation avec la gravure, par P.-S. Bartoli. 2 p.

212 — Résurrection de Lazare, au bistre. Figures d'un beau caractère.

213 — Portement de croix au bistre.

Pledr. 3.

S. A. 31.

Laporten 16

Lörg 5

Grujen 11

Gucy 10

Gig. 6 Varlo 6

Chaulun 3

Gig. 5 Laperlun 12

Heden 3

Gig 10

S. A. 25

214 REMBRANDT. Offrande à Dieu, la Pêche miraculeuse, l'Ange et la famille de Tobie et autres. 5 dessins au bistre.

215 RESTOUT. Saint Jérôme. Crayon noir et blanc.

216 ROBERT (H.), 1760. Grand palais, fontaines, figures de femmes. Beau dessin sanguine.

217 ROBERT (Léopold). Paysan romain. Étude à l'huile. — Croquis à la plume. 2 p.

218 ROMAIN (Jules). Mercure donnant la pomme à Pâris. A l'encre.

219 ROOS (H.). Groupe de Moutons. Sanguine. 2 p.

220 ROSA (Salvator). Paysage sauvage. Crayon et bistre.

221 RUBENS. Études de têtes, Meleagre et Atalante, Jugement de Salomon, qui a été gravé. 3 p.

222 RUYSDAEL. Arbre dans un paysage. Crayon.

223 SACCHI (André). Moine prêchant pendant la peste. Sanguine.

224 SAINT-AUBIN (Gabriel de). Cenotaphe de C. Vanloo; deux enfants soutiennent son portrait sur un tombeau. Joli petit dessin, plume et mine de plomb, sur velin.

225 SAINT-AUBIN (Augustin de). *De Lescure, chef de Brigands de Saumur, 1793.* Charmant dessin à la mine de plomb. In-8.

226 SARTE (André del). Vierge et Jésus, Ecce homo. 2 p.

227 SCHUT. Vierge et Jésus. Crayon noir.

228 STEEN (J.). Nombreux malades amenés à un médecin. Plume et encre.

229 STUART (Charlotte), d. d'Albanie, fecit Roma. Paysage italien. Aquarelle.

230 TAUNAY. La Bohémienne, le Petit Concert. 2 dessins vigoureux au bistre, relevés de couleur. In-4.

231 TENIERS. Paysage. Aquarelle.

232 THIERRY (L.-V.), 1789. Espèce de cartouche orné de fleurs avec vers, pour l'envoi d'un baromètre à Mme de Bois-le-Comte. Jolie aquarelle.

233 TITIEN. Bacchus descendant de son char pour Ariadne, entouré de Bacchantes et Sylvains. Au bistre.

234 TORO. Vénus et l'Amour, son char, vase, etc. Beau dessin au crayon.

235 VAGA (Perin del). Jésus et ses disciples. A la plume.

236 VANNI. Fuite en Egypte.

237 VANLOO. Sainte Famille. — Belle marine. A l'encre. 2 p.

238 VANLOO. Hercule enlevant Iole. Au bistre. Beau dessin.

239 WATTEAU. Etude d'homme nu. Crayon noir et sanguine.

240 WATTEAU. Deux jolies têtes de femmes. Aux trois crayons.

5A.10

[illegible] 16   Heden 5

Heden 3.

Fig 5.

Hed. 3

Fig. 10.

Varlo 11
Forg. 5 — 5

241 WATTEAU. Costumes de femmes. Sanguine, à la plume. 2 p.

242 — Petite pastorale. Aquarelle pour dessus de tabatière ovale.

243 VELDE (A.-V. DE). La Vache et les deux moutons, a été gravé. — Vache couchée. 2 p.

244 VIEN. Renaud et Armide? Riche composition. Sanguine.

245 VLIEGER (S. DE). Rivière dans une ville, avec fortifications. A l'encre.

246 WOUVERMANS. Cavaliers à la porte d'une auberge. A l'encre réhaussé de blanc. — Conducteur de chevaux. Sanguine. 2 p.

247 ZUCCARO. Vierge et Jésus, ou rosaire pour voûte. Tête. Crayon de couleur. Angle de voûte, d'ap. Corrège. Au bistre. 3 p.

248 **Dessins** divers. Crayon, sanguine, bistre et autres diverses écoles. 23 p. Pourra être divisé.

249 Ecole française XVIIIe siècle. Scène de Figaro. — La Peinture, allégorie. 2 p.

250 Paysages avec animaux. A l'encre et au bistre. 12 beaux dessins.

251 Dessins à la sanguine. Groupe d'Anges. Tête de Christ, Sujets religieux, Paysages. 12 p.

252 Dessins au bistre, Sujets religieux et autres. 12 p.

253 Dessins à la plume. Sujets mythologiques et religieux. 12 p.

254 Dessins au lavis, à l'encre. Scène biblique, Agar et Ismael, le Serpent d'airain et autres. 12 p.

255 Dessins au crayon, à la pierre bleue, crayons de couleur. aquarelle, etc. 12 p.

256 Volume album de 90 feuilles de papier blanc in-fol., avec coins en cuivre, dos maroquin chagrin vert.

Renou et Maulde, imprimeurs de la Compagnie des Commissaires-Priseurs, rue de Rivoli, 144. 1174

www.ingramcontent.com/pod-product-compliance
Ingram Content Group UK Ltd.
Pitfield, Milton Keynes, MK11 3LW, UK
UKHW020449180726
13839UKWH00004B/1731

9 782329 548326